Couvertures supérieure et inférieure
manquantes

DOCUMENTS

RELATIFS

AU MONASTÈRE DE NOTRE-DAME DU PLAN

PRÈS DE BOLLÈNE

RECTIFICATION À LA NOUVELLE GALLIA

PAR

M. L'ABBÉ FILLET

CURÉ D'ALLEX (DRÔME)

Extrait du Bulletin historique et philologique, 1895

DOCUMENTS

RELATIFS

AU MONASTÈRE DE NOTRE-DAME DU PLAN,

PRÈS DE BOLLÈNE.

RECTIFICATION À LA NOUVELLE GALLIA.

L'histoire du monastère de Notre-Dame du Plan, fondé près de Bollène, aujourd'hui chef-lieu de canton du département de Vaucluse, par un abbé de l'Île-Barbe, est très peu et très inexactement connue. L'ancien historien de l'abbaye de l'Île-Barbe, Claude Le Laboureur, s'est contenté d'en rapporter l'origine en peu de mots. Contrairement à son habitude d'insérer dans son propre récit le texte des actes sur lesquels il s'appuyait, il n'a pas donné le texte de l'acte de fondation du nouveau monastère [1]. C'est apparemment parce qu'il ne l'avait pas; d'ailleurs, aujourd'hui encore on chercherait en vain cet acte dans le fonds de l'Île-Barbe, déposé aux archives départementales du Rhône. Boyer de Sainte-Marthe a parlé, mais plus brièvement encore, de la même fondation; il a omis également d'en donner l'acte [2]. Denis de Sainte-Marthe et d'autres bénédictins, ses collaborateurs, ont donné, dans le premier volume de la nouvelle *Gallia Christiana*, quelques renseignements sur le monastère en question, et le texte de l'acte de fondation de celui-ci, qui est du 19 avril 1200. Mais pourquoi faut-il que, en suivant, dans le texte par eux donné de cet acte, une copie singulièrement fautive, ces savants, ordinairement mieux avisés, y aient joint vers la fin, comme partie intégrante, plusieurs lignes d'un acte du 19 juillet 1455, dans lequel l'acte de 1200 se trouvait inséré? Pourquoi faut-il que, poussant encore plus loin la confusion, ils aient fait reconnaître, en 1200, les biens de Notre-Dame du Plan,

---

[1] *Les Mazures de l'abbaye royale de l'Isle Barbe lez Lyon* (Lyon, Claude Galbit, M. DC. LXV), t. I, p. 131.

[2] *Histoire de l'église cathédrale de Saint-Paul-trois-Châteaux* (Avignon, M. DCC. X), p. 69.

1.

par *la Reine des cieux, témoin de l'acte de fondation*, au vice-recteur
du collège de *Saint-Nicolas d'Annecy*, fondé à Avignon au xv° siècle[1]?

Fort heureusement, le *Cartulaire* manuscrit *de l'évêché de Saint-
Paul-trois-Châteaux* va nous fournir le moyen de débrouiller ces
détails si contradictoires. Ce précieux recueil nous a conservé une
fort bonne copie (du xv° siècle) de l'acte mentionné du 19 juillet
1455, laquelle contient elle-même une copie passable de l'acte de
fondation pareillement mentionné. Notre œuvre de débrouillement
serait déjà bien avancée quand nous nous contenterions de faire
suivre les lignes précédentes du texte même de ces deux actes, tels
que nous le fournit le *Cartulaire* susdit. Mais la vérité sur l'histoire
de ce monastère gagnera sensiblement à la publication de deux
autres actes du xv° siècle, également fournis par le même *Cartulaire :* nous les joindrons donc aux deux précédents. D'autre part,
l'intelligence de tous ces actes ne peut que gagner de son côté à
un récit sommaire des principaux événements connus dont le monastère a été le théâtre ou l'objet : voici ce récit, d'ailleurs fort
abrégé et incomplet.

A partir de sa fondation en 1200, le monastère de Notre-Dame
du Plan acquit des richesses assez considérables, du moins en
saintes reliques. Puis, il tomba. Des documents du xv° siècle attri-
buent sa chute aux guerres, aux pestes et à d'autres infortunes.

Un acte de 1451 mentionne le *prieuré de Notre-Dame du Plan*,
situé dans le diocèse de Saint-Paul-trois-Châteaux et taxé pour
6 gros dans une taille levée sur le clergé de ce diocèse. Mais ses
biens et droits avaient été unis à l'abbaye de Saint-Pierre du Puy,
située dans un faubourg de la ville d'Orange, quand le 19 juillet
1455, l'abbesse de Saint-Pierre fit reconnaissance, pour les biens de
Notre-Dame du Plan, au vice-recteur du collège de Saint-Nicolas
d'Annecy, auquel le prieuré de Bollène se trouvait uni lui-même.

Vers la fin de 1465, les reliques du monastère furent retrouvées
dans le sanctuaire; puis, grâce au concours de plusieurs prélats,
notamment d'Étienne Genevès, évêque de Saint-Paul, l'abbesse de
Saint-Pierre put faire relever l'église de Notre-Dame du Plan. Le
pèlerinage, jadis très fréquenté, fut rétabli et devint si prospère,
qu'un rapport sur le passage de l'archiduc Philippe dans nos con-

---

[1] *Gallia Christ. nova* (édit. dom Piolin), t. 1, col. 581-582, 789-790; in-
strum., p. 136.

trées, en 1503, lors de son voyage en Espagne, n'a pas manqué d'en faire mention. Il nous apprend que, le 15 mars de ladite année, le prince passa «le pont sur la rivière de Egge, à demi-«lieue d'Orenge, et disna, trois lieues de là, à ung petit vilage «anobli d'un très beau pèlerinage et de la chapelle nommée Nostre «Dame de la Plancque, où Dieu, pour sa glorieuse mère, faict «maints beaulx miracles. Et est ce lieu à une lieuette d'une ville de «Languedocq appellée le Pont-Sainct-Esprit».

Bien plus, les ravages occasionnés par l'hérésie ayant obligé les religieuses de Saint-Pierre d'Orange à quitter, en 1563, le monastère qu'elles avaient au faubourg de cette ville, elles finirent par se réfugier à Notre-Dame du Plan. C'est là que nous voyons installer dans leur charge plusieurs abbesses du xvii siècle. Mais, en 1648, les religieuses, tout en conservant leurs biens du Plan, transférèrent leur domicile au Pont-Saint-Esprit[1].

I

[Donatio ecclesie et fundatio monasterii beate Marie de Plano[2]*.]*

19 avril 1200.

Certum et manifestum sit omnibus hominibus, tam presentibus quam futuris, cartam istam legentibus et audientibus, quod, anno Dominice Incarnationis millesimo ducentesimo, xjx° mensis aprilis, nos G. Dei gratia Insule Barbare dictus abbas, procurator prioratus domus Sancti Martini de Abolena, consilio, assensu et voluntate quorumdam fratrum et monachorum nostrorum, videlicet Guill[elm]i *Dartus* celerii, Umberti de Bassalco, Giraudi Bartholomey, Pon[cii] Giraudi et Faucherii, per nos et successores nostros, donamus, concedimus et confirmamus in perpetuum Deo et beate Marie ecclesiam Sancte Marie de Plano, cum omnibus appendenciis suis et elemosinis presentibus et futuris, ad hoc ut ibi construantur (*sic*) monasterium sanctimonialium, retento tamen quod non infra dominia, possessiones vel tenementa nostra sine consilio nostri vel prioris Abolene. Volumus quidem quod prioressa sive procuratrix vel procurator, quicunque

[1] Archiv. de la Drôme, *Cart. de l'égl. de Saint-Paul*, B, fol. 63-64, 89 *bis*-93 et 97-98. — Le Laboureur. *Les Masures* cit., I, p. 131. — *Gallia* cit., I, col. 789-792. — Gachard, *Collect. des voyages des souverains des Pays-Bas*, t. I, p. 278-281, cit. dans *Le Mystère des Trois-Doms*, par Paul-Émile Giraud et Ulysse Chevalier, p. 698.

[2] Inséré dans l'acte suivant.

vel quecunque sit vel fuerit, cum consilio prioratus Abolene et consilio et voluntate sanctimonialium ibidem commorancium, construatur in eodem loco numero sanctimonialium ibidem commorancium, numerum treddecim non excedat, nisi tanta esset augmentatio bonorum dicti loci, quod secundum arbitrium prioris Abolene et procuratoris vel procuratricis et sanctimonialium ejusdem loci videretur quod dictus locus posset sustinere. Volumus etiam quod regulam nostram teneant et habeant, et nostrum dicant ministerium, et talem defferant habitum, vestimenta alba, et desuper scapularium nigrum, et velum, et ab Insulario abbate recipiant benedictionem, et quod dictus abbas ibidem possit facere moderat[am] siue loci gravamine visitationem. et breves nostros pro deffunctis accipiant, et nos suos accipiemus. Intelligimus et volumus quod hoc monasterium ecclesie Abolene obolum aureum in festo Sancti Martini serviat annuatim, et quod abbas et prior Abolene, hiis predictis contenti, nullas faciant exactiones supradicto monasterio nec fieri paciantur. Est autem hec ecclesia predicta Sancte Marie de Plano sita inter Montedraconem et Abolenam. Ad majorem autem cauthelam hujus donationis et concessionis firmitatem, sigilli nostri et sigilli Sancti Martini de Abolena munimine roboramus. Factum est hoc in cimiterio Abolene, juxta turrim ecclesie. Testes sunt d[omi]na Regina alior. (*sic; peut-être* Aliorum *ou* aliorum).

II

Hoc presens scriptum subsequens est qualiter ecclesia beate Marie de Planis est in diocesi Tricastrina [1].

19 juillet 1455.

Anno a Nativitate Domini m° iiij° quinquagesimo quinto, et die decima nona mensis jullii, nobi[li]s domina Cecilia de Borna, domina abbatissa monasterii dominarum monialium beate Marie de Plano, olim fundat. per reverendum in Xpisto patrem et dominum dominum Guill[elmu]m miseratione divina abbatem Insule Barbare, ut constat instrumento publico tenoris sequentis : «Certum et manifestum... (*etc., comme à l'acte précédent*)... «d[omi]na Regina alior.»; et ipsa, inquam, domina abbatissa monasterii Sancti Petri de Podio civitatis Aurasice, cui dicta ecclesia beate Marie de Plano est unita, per se et suos in dicta ecclesia succedent., bona fide, gratis, et ex sua certa sciencia, confessa fuit et in veritate palam et publice recognovit venerabili viro domino Aymoni de Alousier, in decretis baccallario, vicerectori venerabilis collegii beati Nicholay de Aneciaco in Avenione

---

[1] Archiv. de la Drôme, *Cartul. cit.*, reg. B, ff° 63 v° et 93 r°, copie du xv° siècle.

fundati, presenti, et michi not^o publ^e infra^{te}, et (*lire* ut) communi et publice persóne, nostrumque cuilibet stipulan. et recipien. nomine et vice prioratus dicti loci Abolene, et pro eo dicti collegii et suorum in eodem prioratu successorum se pro dicto monasterio beate Marie de Plano tenere et velle tenere et tenere debere a dicto prioratu Abolene et sub ejus dominio directo dictam ecclesiam beate Marie de Plano cum omnibus et singulis suis juribus et pertinenciis et terris dicte ecclesie beate Marie de Plano Montisdraconis et in eodem Plano existen[t.] subsequenter descript., ad accapitum et in emphiteosim perpetuam seu quasi. Et primo, quamdam terram duarum somatarum seminis vel circa, sitam in eodem territorio Montisdraconis, dicto *Intenaquis*, confron[t.] ab oriente cum quadam terra nobilis Stephani de Montedracone, condomini Montisdraconis, ab occiden. cum terra Jacobi Reyre et ejus uxoris, a vento cum terra domini episcopi Aurayeen., et a borea recte cum quodam publico camino. Item, quamdam aliam terram unius saumate seminis confront. ab orien. cum terra nobilis Petri de Graynhano, vallato medio, ab occiden. et a borea cum terra domini Aurasicen. episcopi, et a vento cum terra dicti monasterii. It., quamd. aliam terram unius saumate seminis, sitam ibidem, confront. ab orien. cum terris dicti monasterii, vallato medio, ab occiden. cum terra Jacobi Avastoni de Palude, a vento cum terra nobilis Petri de Graynhano, et a borea cum terris dicti monasterii. It., quamd. terram duar. saumatar. seminis, sitam ibid., confront. ab orien. cum terra Xpistofori Maleti vallato medio, ab occiden. cum terra dicti monasterii, a borea cum terra nobilis Petri de Graynhano, et a vento cum terris dicti nobilis Petri et domini Xpistofori Castanerii presbiteri nomine cujusdam sue cappellanie. It., quamd. terram quatuor saumatar. seminis sitam in dicto territorio, confront. ab orien. cum terra nobilis Godoni de Cadris vallato medio, ab. occiden. cum quodam camino publico, a vento cum terra heredum Pauli Saladini, et a borea cum terra Johanete Beraude. It., quamd. aliam terram unius saumate seminis sitam ibid., confront. ab orien. cum terra Anthonii Vincen. vallato medio, ab occiden. cum terra cappellanie domini Johanis Salamonis, et a vento cum camino publico, et a borea cum terra nobilis Petri de Graynhano. It., quamd. terram sitam ibid., confront. ab orien. cum terra domini Salamonis, ab occiden. cum terra di ti domini Joh. Salamonis, a vento cum camino publico, et a borea cum terra heredum Jacobi Coboni. It., quamd. terram sitam in dicto territorio, octo saumatar. seminis, confront. ab orien. cum terra domini Xpistofori Castanherii locia media, ab occiden. cum terra Augerii Praherii, a vento cum terra Anthonii Chays et terra dicti monasterii, a borea cum camino publico. It., quamd. aliam terram unius saumate seminis, sitam in eod. territorio, confront. ab orien. cum terra Anth. Chays et terra Anthonii Desalmis, ab occiden. et a vento cum terris dicti Anth. Desalmis, a borea cum terra dicti monasterii. It., quamd. aliam terram unius somate seminis, sitam in territorio Montisdraconis, supra

Sanctum Johannem, confront. ab orien. cum camino publico, ab occiden. cum terra Poncii Richerii, a vento cum camino publico, et a borea cum terra domini Xpistofori Euserie. It., quamd. terram trium saumatar. seminis, sitam ibid., confront. ab orien. cum terra dicti monasterii, ab occiden. cum camino Santi Johannis, a vento cum terra heredum Michaellis Beraudi quondam, et a borea recto cum camino publico. It., quamd. aliam terram, sitam ibid., sex eminatar. seminis confront. ab occiden. cum terra Guill' Beraudi, ab orien. et a vento cum terra magistri Anthonii Pulcremaneriey notarii, et a borea cum camino publico. Pro quibus premissis per dict. dominam abbatissam recognitis ipsa domina abbatissa quo supra nomine servit et servire consuevit et servire promisit jure dominii directi prefato domino vicerectori, prout supra stipulanti, unum obolum aury anno quolibet, in festo beati Martini, jure dominii directi solvendum. Confitens dicta domina abbatissa quod dictus prioratus ecclesie Abolene habet in premissis recognitis et eorum singulis omne dominium directum et jus prelationis et comissionis, laudimia et trezena in singulis alienationibus, juxta usum et consuetudinem in dicto loco Abolene acthenus observatos, et promisit dictas terras meliorare et non deteriorare et illas non transferre personis a jure prohibitis aut alias quod possint aliqualiter ad manus mortuas devenire, et recognoscetur tociens quociens fuerit requisita. Et insuper juravit ad sancta Dei euvangelia ab eadem corporali manu sua dextra tacta, sub obligatione omnium et singulorum bonorum dicti monasterii presencium et futurorum, ac cum et sub omni juris et facti renunciatione premissis congrua pariter et cauthela. De quibus premissis dictus dominus vicerector collegii peciit sibi quo supra nomine fieri publicum instrumentum per me notarium publicum infrascriptum. Acta fuerunt hec in dicto loco Abolene, videlicet in hospicio dicti prioratus Abolene nominato de Mealha, presentibus Pauleto Barberii, de Carpentor., Batista Sardi, Johanne Asterii seniore, ejusd. loci Abolene habitatoribus, testibus ad premissa vocatis, et me Guill° Geresii loci Montisdraconis, Aurasicensis diocesis, habitatore, publico imperiali auctoritate notario, qui requisitus de premissis notam recepi, quam hic manu mea propria scripsi meque subscripsi et signetum meum manuale apposui consuetum, in fidem premissorum. G. Geresii. Extractum ab originali aliena manu et cum eodem per me notarium subsignatum debite collacionatum. J. Benedicti not.

III

*[Recognitio bonorum in loco Abolene sitorum, ab abbatissa monialium
B. Marie de Plano, vicerectori collegii B. Nicholay de Anneciaco facta[1].]*

19 juillet 1455.

Anno Domini m° iiij° lv°, et die xix° mensis jullii, nobilis domina Cecilia
de Borna, domina abbatissa monasterii dominarum monialium beate Marie
de Plano, olim fundati per reverendum in Xpisto patrem et dominum dominum Guill[elmu]m miseratione divina abbatem Insule Barbare, ut constat
instrumento publico supra in precedenti recognitione inserto, bona fide
gratis et ex sua certa scientia, per se et suos in dicta abbacia successores
quoscumque confessus fuit et in veritate palam et publice recognovit venerabili viro domino Aymoni de Alouzier, in decretis baccallario vicerectori
venerabilis collegii beati Nicholay de Anneciaco in Avenione fundati, cui
prioratus ecclesie beati Martini loci Abolene est unitus, ut (*lire* et) michi
not° publico infrascripto ut communi et publice persone, nostrumque cuilibet insolidum stipulanti et recipienti nomine et vice dicti prioratus et pro
eo dicti collegii et suorum in eisdem successorum, se ipsam dominam abbatissam quo supra nomine tenere et velle et [de]bere tenere a dicto prioratu Abolene et pro eo a dicto collegio et sub ejus dominio directo ad accapitum perpetuum et in emphiteosim perpetuam seu quasi :[2] [Et primo,
quamdam terram... seminis], sitam in territorio dicti loci Abolene, loco
dicto *in Campo Rotundo*, confront. ab oriente cum terra nobilis Glaudete
Radulphe et terra Poncii et Petri Pitrince, ab occidente cum itinere publico, a biza cum terra Caritatis loci predicti Abolene, et a vento cum terra
cappellanie cujus rector est dominus Johannes Roc presbiter, pro qua quidem terra confront. servit et servire consuevit et promisit servire dicto
prioratui Abolene et, pro eo, dicto collegio mediam tascham omnium et
singulorum fructuum ex ea singulis annis proveniencium, portatam ad
hospicium dicti prioratus Abolene. Item, quandam aliam terram, decem
versanarum seminis, sitam in territorio Abolene, loco dicto *ad Lociam*,
confront. ab oriente cum locia, a biza cum terra Giraudi Ypoliti et terra
heredum nobilis Petri Guitardi quondam, ab occidente cum quadam terra
dicti monasterii monialium. It., quamd. aliam terram, duarum somatarum
seminis vel circa, sitam in territorio dicti loci Abolene, loco dicto ubi supra
proxime, confront. ab occiden. cum locia, ab orien. cum terra Anthonii
Corderii, a biza cum terra hered. nobilis Petri Guitardi et terra Giraudi
Ypoliti; pro quibus duabus terris supra proxime confront. servit domina

---

[1] Arch, cit., *Cartul.* cit., reg. B, fol. 93 r°-v°, copie du xv° siècle.
[2] Mots oubliés par le copiste du *Cartulaire.*

abbatissa et servire promisit dicto prioratui Abolene et, pro eo, dicto collegio anno quolibet in festo Nativitatis Domini sex denar. Vien[nens.] jure dominii directi solvendos. Confitens dicta domina abbatissa quod dictus prioratus Abolene et pro eo dictum collegium habet in dictis terris recognitis et eorum singulis omne dominium directum et jus prelationis et comissionis, laudimia et trezena in singulis alienationibus, juxta usum et consuetudinem in dicto loco Abolene acthenus observatos. Et promisit dictas terras et quamlibet earum meliorare et non deteriorare, et illas non transferre in personis a jure prohibitis aut alias quod possint aliqualiter in solidum aut in parte ad manus mortuas devenire, et eas recognoscero quociens fuerit requisita et dictam mediam tascham et aliud servicium predictum solvere termino prestatuto. Et insuper juravit ad sancta Dei euvangelia ab ipsa gratis corporaliter tacta, sub obligatione omnium bonorum dicti monasterii beate Marie de Plano presencium et futurorum, ac cum et sub omni juris et facti renunciacione premissis congrua pariter et cauthela. De quibus dictus dominus vicerector quo supra nomine peciit sibi fieri publicum instrumentum per me notar. infrascriptum. Acta fuerunt hec in dicto loco Abolene, videlicet in hospicio dicti prioratus nominato de Mealha, presentib. Pauleto Barberii, de Carpentor., Batista Sardi, Johanne Asterii seniore, dicti loci Abolene habitatoribus, testibus ad premissa vocatis, et me Guillelmo Geresii, loci Montisdraconis, Aurasicen. dioc., originario, dictique loci Abolene habitatore, publico imperiali auctoritate notario, qui requisitus de premissis notam recepi quam manu mea propria hic scripsi meque subscripsi et signetum meum manuale apposui consuetum, in fidem premissorum. G. Geresii. Datum pro copia extracta a suo proprio originali manu aliena, et per me Johannem Benedicti, notarium publicum, notarium dicti quondam magistri Guillelmi Geresii conservatorem, cum eodem debite collacionata, et demum per me manu propria subscripta et signo meo manuali signata.

IV

Lictere queste concesse per dominum Tricastrin. episcopum,
[pro restauranda capella beate Marie de Plano[1]].

3o septembre 1468.

Stephanus, miseratione divina Tricastrinensis episcopus et comes, universis et singulis dominis abbatibus, prioribus, prepositis, archidiaconis, sacristis, precentoribus, cappellanisque curatis et non curatis, viecariis

---

[1] Inséré dans une copie de vidimus du 19 mai 1480, fournie par le *Cartul.* cit., reg. B, fol. 63-64 et 89 *bis*-92.

quoque perpetuis, et aliis quibuscunque presbiteris et ecclesiarum rectoribus nostrarum civitatis et diocesis ubililibet constitutis, cui seu quibus nostre presentes lictere pervenerint et fuerint presentate, eorumque cuilibet, vel locatenentibus eorumdem, salutem in Domino sempiternam et bonis operibus habundare. Gratum Deo pariter et acceptum impendere credimus famulatum, dum gregem nobis commissum ad illa exitamus (*sic*) opera per que salus acquiritur. Cum igitur prioratus sive ecclesia beate Marie de Planis, que cum suis pertinenciis et juribus in nostra diocesi Tricastrin. sita existit, et in decimis papalibus et aliis oneribus cum clero nostro tanquam, ut, et in diocesi nostra contribuere semper consuevit et contribuit, et a venerabili domina abbatissa et ejus monasterio suisque monialibus beati Petri de Podio civitatis Aurasicen. deppendet, tam propter guerras et pestes, quam alia infortunia que superioribus temporibus viguerunt, in suis edifficiis fuerit et sit ad ruynam quamplurimum deductum, in quibus quidem ecclesia sive prioratu novissime quamplures sancte sanctorum Reliquie divino instinctu, ut pie creditur, quia nichil fit (*peut-être* sit) in terra sine causa, nec passer cadit in terra neque folium arboris sine Dei voluntate, testante Scriptura sacra, fuerunt reperte, unde super omne thesaurum terrenum debemus admodum in Domino gaudere, qui tantam nobis et populo suo graciam fecit ut tot et et tante ac tam venerande Reliquie fuerint invente et diebus nostris revetate, quas in honore summo ac veneratione et laude Dei in ipsis sanctis ejus venerari nos et omnes Xpisti fideles decet et opportet; ob quod etiam prefata domina abbatissa preffati monasterii beati Petri prefate civitatis Aurasic., a qua, ut preffertur, dictus prioratus sive ecclesia beate Marie de Planis deppendet et per dominas abbatissas antecedentes suas extitit fundata, devotione pia ac singulari mota et favore humili et sincero propter Deum et gloriosam ejus genitricem et sanctorum quorum Reliquie ibidem in ecclesia de Planis reperte sunt et manent, cupiat dictam ecclesiam beate Marie de Planis, dicte nostre dioces. Tricastrin., in suis structuris et hedifficiis restaurare, repparare et rehedifficare, quod comode facere non potest nec ejusdem monasterii ad hoc suppetant facultates nisi Xpisti fidelium helemosinis adjuventur; nosque summo opere cupiamus prefate domine religiose abbatisse sanctum propositum confovere, juxta divinum eloquium omnia cooperarentur in bonum hiis qui secundum propositum vocati sunt sancti, ad decus, honorem, laudem, venerationemque summi Dei Creatoris nostri, ejusque gloriose Genitricis etiam in ecclesia nostra patrone nostre, et sanctorum quorum Reliquie in dicta ecclesia fuerunt invente, et ut ibidem reverenter venerentur et congruis Xpisti fidelium concursibus ad augmentum devotionis fidelium ipse locus frequentetur prioratus sive ecclesia devotisque fidelium Xpisti helemosinis decoretur in predictis : Eapropter vobis universis et singulis supradictis et vestrum cuilibet in solidum tenore presencium precipimus et mandamus, vosque in Domino monemus et obsecramus quathenus populum in

Domino vobis commissum exortemini et moneatis ut de bonis sibi a Deo
collatis pias helemosinas et alia grata caritatis subsidia pro constructione et
reparatione prefate ecclesie fiende eidem domine abbatisse seu nuncio et
latori presencium per eamdem vobis misso elargiantur, et vos etiam erro-
getis juxta et prout Dominus noster Jhesus Xpistus in cordibus vestris
inspirabit et operabitur, ut per hec et alia bona que vos et ipsi inspirante
Domino feceritis et fecerint, valeatis et valeant, et mereamini et mereantur
ad paradisi gloriam pervenire. Nos enim, de Omnipotentis Dei gracia et
misericordia, ac meritis et intercessione beate gloriose Virginis ejus matris
ac beatorum Petri et Pauli apostolorum, necnon sanctorum martirum ac
Pauli patronorum nostrorum, confisi, omnibus vere penitentibus ac confes-
sis qui predictam ecclesiam tempore quadragesimali et festis beate Marie
visitaverint et ad eamdem et pro eadem ut premictitur construenda et
reparanda manus porrexerint adjutrices, quadraginta dies de injunctis sibi
penitenciis misericorditer in Domino relaxamus, presentibus post unum
annum a data earum computandum minime valituris. In quorum testimo-
nium presentes licteras sive presens publicum instrumentum per magistr.
Johannem Amblardi, nostrum notarium et secretarium infrascriptum, fieri
fecimus et jussimus et sigillo nostro rotundo impendenti roborari. Datum
et actum in palacio sive castro nostro Tricastrino, die ultima mensis sep-
tembris, anno Domini m° iiij° sexagesimo octavo, presentibus ibidem vene-
rabilibus et religioso ac providis viris domino Andrea de Vesco monacho
priore de Speluchia, Thoma Marini presbitero ebdomadario ecclesie Tricastrinen., Jacobo Genevesii mercatore, Petro Ruffi lathomo Tricastrinen.,
et magistro Bernardo Serrolli, clerico Vivarien. diocesis, familiari domes-
tico et continuo, testibus ad premissa vocatis. Rel dominum. J. Amblardi.

CAHIER RELIE EN DOUBLE DE LA PAGE 1
A LA PAGE 12.

www.ingramcontent.com/pod-product-compliance
Lightning Source LLC
LaVergne TN
LVHW050336030726
842520LV00005B/1934